BEI GRIN MACHT SICH IHR WISSEN BEZAHLT

- Wir veröffentlichen Ihre Hausarbeit, Bachelor- und Masterarbeit

- Ihr eigenes eBook und Buch - weltweit in allen wichtigen Shops

- Verdienen Sie an jedem Verkauf

Jetzt bei www.GRIN.com hochladen und kostenlos publizieren

Der Verantwortungsbegriff in der Ethik

Gibt es eine Verantwortung im ökologischen Bereich des Klimawandels für zukünftige Generationen?

Lena Baumgärtner

Bibliografische Information der Deutschen Nationalbibliothek:

Die Deutsche Nationalbibliothek verzeichnet diese Publikation in der Deutschen Nationalbibliografie; detaillierte bibliografische Daten sind im Internet über http://dnb.d-nb.de abrufbar.

ISBN: 9783346468680
Dieses Buch ist auch als E-Book erhältlich.

© GRIN Publishing GmbH
Nymphenburger Straße 86
80636 München

Druck und Bindung: Books on Demand GmbH, Norderstedt Germany
Gedruckt auf säurefreiem Papier aus verantwortungsvollen Quellen

Das vorliegende Werk wurde sorgfältig erarbeitet. Dennoch übernehmen Autoren und Verlag für die Richtigkeit von Angaben, Hinweisen, Links und Ratschlägen sowie eventuelle Druckfehler keine Haftung.

Das Buch bei GRIN: https://www.grin.com/document/1040066

HAUSARBEIT
ETHIK UND BILDUNG IM KONTEXT VON
BILDUNGSPROZESSEN

Wintersemester 2020/2021

Katholische Universität Eichstätt – Ingolstadt

Lehrstuhl für Bildungsphilosophie und Systematische Pädagogik

Modul: Ethik und Religion im Kontext von Bildungsprozessen

Seminar: Ethik und Religion im Kontext von Bildungsprozessen

Eingereicht von: Lena Baumgärtner

Am 15.02.2021

3. Semester Bildungs- und Erziehungswissenschaft (Pädagogik)

Inhaltsverzeichnis

1. Einleitungsgedanke zum Thema Ethik und Bildung

Bildung und Ethik – zwei Begriffe die Anwendung in der Pädagogik finden. Bei Bildung handelt es sich um einen lebenslangen Prozess der Entwicklung einer eigenen Persönlichkeit, Fähigkeiten und Kompetenzen. Eine einheitliche Definition des Bildungsbegriffs zu finden, erweist sich auf Grund ihrer Komplexität als eine schwierige Aufgabe. Wichtig ist, dass die Bildung dazu beiträgt die Individualität und Persönlichkeit jedes Menschen zu entwickeln, indem sich das Individuum in einer dauerhaften Auseinandersetzung mit der Welt befindet und die Anerkennung durch andere Menschen eine große Rolle spielt (vgl. Masmanindis, 2020). Durch Pestalozzi und Humboldt wurde der Bildungsbegriff um 1800 in die Pädagogik eingeführt und hat bis heute eine zentrale Stellung im pädagogischen Kontext. In der Pädagogik bezieht sich Bildung auf den Umgang der Menschen mit sich selbst und ihrer Umwelt mit dem Ziel, kompetent und verantwortungsbewusst zu handeln. Bildung ist somit die Überprüfung und Erweiterung von Realitätskonstruktionen und geht dadurch über reinen Transfer und Erwerb von Wissen und Qualifikationen hinaus, denn Bildung kann im weitesten Sinne als Selbstaufklärung und Emanzipation gesehen werden (vgl. Stangl, 2021). Auf der anderen Seite steht dann noch der Begriff Ethik, welcher sich von dem Wort ‚ethos' (Gewohnheit, Sitte, Brauch) ableitet. Ethik befasst sich daher mit dem sittlichen Handeln des Menschen. Ethisches Handeln sagt, dass die überlieferten Handlungsregeln und Werteideale nicht fraglos übernommen werden sollen, sondern es sich der Mensch zu Gewohnheit machen sollte, aus Einsicht und Überlegung das jeweils erforderliche Gute zu machen. Im Alltag wird der Begriff Ethik oft dem der Moral gleichgestellt, doch hier ist eine klare Trennung vorzunehmen. In der modernen Philosophie bezieht sich Moral auf Normensysteme, die sich auf menschliches Verhalten beziehen und bedingungslos gültig sind. Ethik ist somit die Wissenschaft der Moral. Ethik ist daher eine Ebene der Reflexion über der Moral. Die Ethik überlegt und philosophiert verschiedene Moralvorstellungen, analysiert und systematisiert sie, untersucht und hinterfragt ihre Rechtfertigungen und Prinzipien. Außerdem fragt sie, aus welcher Logik ihre Ideen und Argumente stammen (vgl. Masmanidis, 2020).

Diese Hausarbeit ist im Rahmen des Seminars „Ethik und Religion im Kontext von Bildungsprozessen" entstanden, wobei sich in dem Seminar mehr auf die Bereiche Ethik und Bildung fokussiert wurde. Zunächst folgt daher das Handout des Referates über Reichenbach zum Thema „Ethik der Bildung und Erziehung – Verantwortung /Gleichheit / Tugend und Kompetenz". Anschließend findet eine genauere Betrachtung des Verantwortungsbegriffes statt, indem die Frage „Gibt es eine Verantwortung im ökologischen Bereich des Klimawandels für zukünftige Generationen?" behandelt wird. Aus Gründen der besseren Lesbarkeit wird in dieser Hausarbeit die Sprachform des generischen Maskulinums angewandt. Es wird an dieser Stelle darauf hingewiesen, dass die Verwendung der männlichen Form geschlechtsunabhängig verstanden werden soll.

2. Handout des Referates

Am 18.01.2021
Reichenbach:
Ethik der Bildung und Erziehung – Verantwortung /Gleichheit / Tugend und Kompetenz

1. **Verantwortung**
   Ausreden zum Entgehen der Verantwortung
   - Handelnde Wesen machen Fehler
     → Folge: Entstehung von Ausreden
   - Entlastung des Individuums durch Ausreden
     → Umdeutung

   Fehlentscheidungen im Lebenslauf

   - Negative Lebensbilanzierung
   - Entscheidungsmöglichkeiten:
     o Fehlentscheidungen
     o Nicht-Entscheidungen
     o Pseudo-Entscheidungen

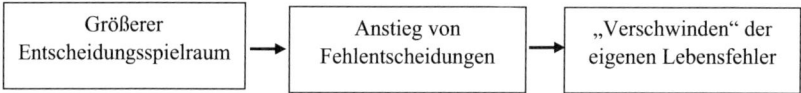

Größerer Entscheidungsspielraum	→	Anstieg von Fehlentscheidungen	→	„Verschwinden" der eigenen Lebensfehler

   - Zunehmende Psychologisierung und Pädagogisierung
   - Therapeutischer Ethos
   - Ältere Generation entzieht sich ihrer Verantwortung
     → Übergabe der Entscheidungskompetenz an die jüngeren Generationen

2. **Gleichheit und Ungleichheit**
   - Gleichheit ist ein Gerechtigkeitsideal
   - Gleichheit stellt eine soziale Praxis dar
     → Gleichheit muss praktiziert werden, egal ob man daran glaubt oder nicht
   - Gleichheit = Vernunft

   - Chancengleichheit = Gerechte Verteilung von Zugangs- und Lebenschancen
   - Schaffung von Ungleichheit ist kein unerwünschter Nebeneffekt der Schulsysteme
     → Konstitutives Merkmal

Pädagogisierung und Hochschulbildung

> „Pädagogik ist invasionsartig in alle Lebensbereiche eingedrungen, auch in die intimeren (…), und es gibt kein Entkommen vor dieser allgemeinen Pädagogisierung in modernen Gesellschaften."

- Expansion pädagogischer Semantiken in andere soziale Systeme
- Fokus auf das Individuum
    - → Behandlung von sozialen Problemen im Bereich der Schule und Bildung
- Staatliche und zentrale Steuerung im Bildungsbereich
- Verhochschulung

3. **Tugend und Kompetenz**
   - Der „alte gute Wille" = Bereitschaft das „Richtige, Geforderte" zu tun
       - → Voraussetzung für Kompetenz
   - Urteilskraft
       - → Voraussetzung für Wünsche zweiter Ordnung
   - Tugend
     früher: Stärke des Willens
     heute: Starke Persönlichkeit/Person

   - Soft Skills = überfachliche Kompetenzen
       - → nicht „wirklich" messbar/diagnostizierbar
       - → haben in der Wirtschaft geringen Wert
   - Hard Skills = fachliche Kompetenzen
   - Begriffliche Unbestimmtheit: Kompetenzbegriff ←→ Qualifikationsbegriff
   - Ganzheitliche Person = Soft Skills + Hard Skills ?

   - Kompetenz =
     (1) deklaratives Wissen
     (2) Fertigkeiten und prozedurales Wissen
     (3) persönlichkeitsbezogene Kompetenzen
     (4) Lernfähigkeit
   - Kompetenzerwerb = Emanzipationsprozess
   - Erwartung: Kompetenzsteigerung
       - → Druck auf Individuum für Verantwortung der eigenen Kompetenzsteigerung

3. Gibt es eine Verantwortung im ökologischen Bereich des Klimawandels für zukünftige Generationen?

3.1. Kurzer Einblick in den Verantwortungsbegriff

Zum Thema ‚Verantwortung' findet sich in der Literatur keine klare und einfache Definition, sondern die Erklärung umfasst meist mehrere Seiten (vgl. Marr, 1999, S.5). Der Begriff wird im Alltag häufig verwendet und ist den meisten Menschen vertraut. Verantwortung hat sich in allen Bereichen der Gesellschaft herausgebildet und betrifft unser gesamtes menschliches Leben. Sie kann freiwillig, von Natur aus vorhanden oder für einen Auftrag oder Aufgabe angenommen sein (vgl. Grin, 2018). In der Philosophie wird die Verantwortung als „eine wesentliche Beziehung des Menschen zur Gesellschaft, zur Natur und zu sich selbst" (Marr, 1999, S.5) gesehen. Zudem geht die Philosophie davon aus, dass Menschen zwischen verschiedenen praktischen Handlungen wählen können, die auf einer rationalen Interpretation der Welt beruhen. Mit der Auswahl zwischen diversen Handlungsmöglichkeiten, entwickelt sich eine gewisses Verpflichtungs- und Verantwortungsbewusstsein. Dieses Bewusstsein wirkt sich direkt auf die jeweilige Zielsetzung aus, da das Individuum auch über die Fähigkeit verfügt, die Folgen von Handlungen vorauszusehen und zu bewerten. Daraus lässt sich die Schlussfolgerung ziehen, dass es sich bei einem verantwortungstragenden Menschen um ein bewusstes und freies Wesen handelt. Der Umgang mit den Konsequenzen ihrer eigenen Handlungen und deren Abwägung, bevor sie handeln, wird als Verantwortung bezeichnet (vgl. ebd., S.5f.). Die Verantwortung, die jeder Einzelne trägt, steht in enger Verbindung mit sozialen Rollen, vergangenen Handlungen und langfristigen kulturellen Praktiken. Der Verantwortungsbegriff umfasst daher neben Handlungen auch Überzeugungen und emotive Einstellungen. Die bisherigen Feststellungen spiegeln sich außerdem in der Wortentstehung wider (vgl. Nida-Rümelin, 2011, S.10f.). Viele europäische Sprachen verwenden Wörter, die sich von dem lateinischen Begriff ‚respondere' (= eine Antwort geben) ableiten. Im Deutschen stellt das Wort Verantwortung ebenso eine Verbindung zwischen Verantwortung und Antwort geben her. Der Begriff der Verantwortung leitet sich von ‚beantworten' ab, der transitiven Bedeutung des Verbs ‚verantworten'. Daher hat der dialogischen Charakter von Verantwortung viel Aufmerksamkeit in dem Diskurs über Verantwortung gewonnen. Frühe Wurzeln der Verantwortung sind bereits in altgriechischen und lateinischen Quellen zu finden, wobei das Wort ‚Verantwortung' an sich erst wesentlich später und dann vor allem im rechtlichen Kontext auftritt, wo der Handelnde für seine Handlungen verantwortlich gemacht wird (vgl. Sombetzki, 2014, S.33).

Hans Jonas sieht die Verantwortung als eine kausale Zurechnung begangener Taten, weil der Handelnde sich für seine Tat und dessen Folgen verantwortlich machen muss. Im rechtlichen Kontext bedeutet das gegebenenfalls, dass der Mensch dafür haftbar gemacht werden kann. Im Allgemeinen geht es darum, dass der Schaden, der durch die Handlung entstanden ist, wieder gut gemacht werden muss. Das ist ebenso der Fall, wenn die Handlung keine Übeltat war und der Handelnde die Konsequenzen nicht vorausgesehen oder beabsichtigt hatte. Abgesehen von der rechtlichen Schuldübernahme gibt es die moralische Schuld, bei der die Aktion mehr bestraft wird als die Folgen. Im Vordergrund steht damit die Qualität und nicht die Kausalität der Handlung. Die Verantwortung ist als die ganze formale Auflage auf jegliches kausale Handeln unter Menschen zu sehen, wofür Rechenschaft verlangt werden kann. Das Individuum ist nicht nur für etwas verantwortlich, sondern auch für jemanden oder eine (höhere) Instanz. Diese Rechenschaftspflicht hat viele individuelle Aspekte, die bei der Zuweisung von Verantwortung berücksichtigt werden müssen. Prinzipiell geht es um die Beantwortung der sogenannten W-Fragen: Wer (Akteur), wann (vorher/nachher), wovor (Instanz), was (Handlung), wofür (Folgen) und weswegen (Werte) (vgl. Jonas, 2015, S.178-181). Handlung und Verantwortung sind zwei Begriffe, die eng miteinander verknüpft sind. Doch es gibt gewisse Ausnahmen, bei der eine Person keine Verantwortung für seine Taten übernehmen muss. Darunter fallen Handlungen unter Zwang und unter Drogeneinfluss. Aber eine Person trägt immer Verantwortung, wenn sie eine Auswahl an Handlungsmöglichkeiten hat und das kann auch bei Situationen unter Zwang passieren, weswegen nicht alle Handlungen unter Zwang ohne Verantwortung sind. Bei Handlungen unter Alkoholeinfluss sieht das aber anders aus, da der Mensch bei steigendem Alkoholspiegel immer weniger über die Folgen seiner Aktionen nachdenkt. Dadurch entfällt ein Großteil der Abwägung von Handlungsalternativen und lässt Personen impulsiv handeln (vgl. Nida-Rümelin, 2011, S.25-29).

Von dieser Ausnahme abgesehen haben wir immer Verantwortung für unser Handeln und müssen die Konsequenzen wahrnehmen, wenn wir uns von Gründen zu diesem Verhalten haben leiten lassen und zu keinem anderen. Das Abwägen von Gründen und Handlungsmöglichkeiten machen das Individuum zu verantwortlichen Wesen und können uns daher kaum unserer Verantwortung entziehen (vgl. ebd., S.32). Es werden drei Formen der Verantwortung unterschieden: soziale und religiöse Verantwortung und Selbstverantwortung. Im nächsten Gliederungspunkt wird die Selbstverantwortung erläutert.

3.2. Selbstverantwortung

Unter Selbstverantwortung im speziellen ist die Verantwortung gemeint, die eine Person vor sich selbst hat und schließt damit alle umstehenden Personen, wie beispielsweise Freunde und Familie aus. Mit der Geburt übernehmen zunächst die Erziehungsberechtigten die Verantwortung für einen, bis man durch seinen eigenen Reifeprozess und in seiner Entwicklung hin zum Erwachsenen diese für sich selbst übernehmen kann. Ist der Mensch in dieser Phase angelangt soll jeder sich nur noch vor sich selbst rechtfertigen und nicht vor anderen Menschen (vgl. Grin, 2018, S.5). Aufgrund dieser Inhalte ist die Selbstverantwortung eine „von Natur aus bestehende Verantwortung [...], von keiner vorherigen Zustimmung abhängig, unwiderruflich und unkündbar." (ebd.). Deshalb ist jeder Mensch verantwortlich dafür, dass er in seinem Leben Verantwortung übernehmen kann. Alle Menschen müssen sich ihren eigenen Handlungsspielraum geben und die Konsequenzen ihrer Handlungen selbst in die Hand nehmen. Um sich für sich selbst verantwortlich zu fühlen, sollte jeder zunächst wissen, wer er ist, wer er sein möchte und welche Fähigkeiten er besitzt. Bei der Selbstverantwortung geht es darum, sich auf sich selbst zu konzentrieren. Zum richtigen Umgang mit Verantwortlichkeiten gehört auch, dass die Person sich nicht selbst dafür verantwortlich macht, wie andere sich fühlen, weil jeder für seine eigenen Gefühle verantwortlich ist. Das bedeutet aber nicht, dass wir Menschen uns komplett frei und ohne jegliche Richtlinien uns gegenüber unseren Mitmenschen und in der Gesellschaft verhalten dürfen. Nur weil ein Mensch für seine eigenen Handlungen und Gefühle verantwortlich ist, befreit uns das nicht von der Verantwortung für ein gelingendes menschliches Miteinander in der Welt. Dafür lässt sich auch gut der kategorische Imperativ anwenden, der besagt: „Handle nach der Maxime, die sich selbst zugleich zum allgemeinen Gesetz machen kann." (Kornelius, 2019). Selbstverantwortliches Handeln bringt außerdem einige Vorteile mit sich. Wenn das Individuum anfängt, Verantwortung zu übernehmen, hängt das eigene Wohlbefinden nicht von anderen ab. Ab dann ist jeder der Verwalter seiner eigenen Gefühle, was einem Gefühl von Sicherheit und Kontrolle gibt. Dennoch sehen viele Menschen die Verantwortung in ihrem Leben als eine große Last. Grund dafür sind in den meisten Fällen vergangene Erfahrungen. Außerdem hat der Mensch gelernt, dass er unbestraft aus Situationen und damit auch seinen Konsequenzen entkommen kann, indem er von Lügen und Ausreden Gebrauch macht. Denn wenn der Handelnde zu seinen Taten und Fehler steht, also Verantwortung übernimmt, wird er normalerweise für seine Ehrlichkeit bestraft, und zwar im rechtlichen und oder sittlichen Sinne. Eine Reaktion hierfür war, Ausreden zu verwenden und sich seiner Verantwortung zu entziehen (vgl. Grin, 2018, S.5f.).

3.3. Ausreden als Möglichkeit des Verantwortungsentzugs

Menschen als Handelnde Wesen können Fehlern nicht entgehen. Fehler passieren alltäglich und auch in allgemeinen Situationen, wo man nicht mit diesem Handlungsausgang gerechnet hat. In Situationen wie diesen schieben die meisten Personen die Verantwortung von sich ab, indem sie Ausreden nutzen. Durch diese Abweisung der eigenen Ehrlichkeit gegenüber seinen Fehlern ermöglicht es zum einen vor seinen Mitmenschen gut dazustehen, weil sie einen nicht als schuldig sehen. Auf der anderen Seite entgeht der Mensch so meist einem Selbstvorwurf. Es gibt kein schlechtes Gewissen, da durch Abwehrstrategien der moralische Vorwurf verhindert wird. Nach dieser Sichtweise entsteht ein schlechtes Gewissen nur dann, wenn das Individuum über an Mangel an guten Ausreden und Abwehrstrategien verfügt und somit sich selbst nicht vor der Schuld schützen kann. Bei der Ausrede geht es hauptsächlich darum eine Gegenversion der Geschehnisse zu schaffen und die vergangene Handlung nicht als richtig oder falsch zu bewerten. Um sich eine Gegenversion der Handlung und ihrer Folgen zu bilden, spielt die Interpretation und Deutung der Ereignisse eine entscheidende Rolle, denn für die Entlastung des Menschen ist es von hoher Bedeutung eine andere Geschichte erzählen zu können. Problematisch ist dabei, dass viele Handlungen oder Handlungsunterlassungen nicht geleugnet werden können, weil diese Lüge vor den anderen sehr schnell auffliegen würde. Ist eine Ausrede erfolgreich übermittelt wurden, entstehen oft Gefühle wie Scham, Schuld oder Angst, mit denen die Person über einen kürzeren oder längeren Zeitraum zu kämpfen hat. Um diese inneren Konflikt zu bearbeiten zu können, besteht die Möglichkeit die Alltagspsychologie zu verwenden. Es können Freunde und Familie aufgesucht werden, um bei ihnen Rat und jemanden zum Reden zu finden. Reicht diese Vorgehensweise nicht aus, gibt es viele professionelle Entlastungsanbieter aus dem philosophischen, theologischen und psychotherapeutischen Bereich (vgl. Reichenbach, 2017, S.97-101).

Aufgrund der Moderne bzw. Modernisierung ist ein größerer Entscheidungsspielraum über die Lebensspanne hinweg entstanden. Es sind zum Beispiel mehr Möglichkeiten in den Bereichen Bildung und Beruf entstanden oder ein allgemeinen Anstieg der Flexibilität und Mobilität. Durch diese Entwicklung hat eine Destandardisierung des Lebenslaufes stattgefunden. Die Menschen sind weniger festgelegt in ihrer Lebensplanung, da sie ein gesteigertes Gefühl von Freiheit verspüren. Auf der einen Seite erhöht das, wie eben schon angesprochen, die Freiheit jedes einzelnen aber auf der anderen Seite ist es negativ, dass die Möglichkeit und Häufigkeit verfehlter Entscheidungen steigen. Viele Menschen sind sich ihrer Verantwortung nicht mehr bewusst oder sehen sie als eine große Aufgabe. Aufgrund dieser vielen Handlungsalternativen geht immer mehr das Bewusstsein für begangene Fehler verloren, weil sich die Menschen nicht weiter auf ihre Vergangenheit, sondern Zukunft fokussieren wollen. Denn diese bringt unendlich viele Entscheidungsmöglichkeiten mit sich. Durch diese Entwicklung zur Zukunftsorientierung des Individuums ist festzustellen, dass die Gewissheit gegenüber der Verantwortung weiter schwindet und deswegen Lebensfehler verschwinden können (vgl. Reichenbach, 2017, S.97-101).

3.4. Klimawandel als Objekt der Verantwortung

3.4.1. Verantwortung für zukünftige Generationen

Der Begriff Verantwortung hat sich in den letzten zwanzig Jahren aus einem Hintergrunddasein zu einem allgemein verwendeten ethischen Begriff entwickelt. Das Bewusstsein für die ökologische Krise und damit die Frage nach den Grundlagen eines würdigen Lebens in der Zukunft im Allgemeinen ist zunehmend Gegenstand aktueller Debatten über Verantwortung geworden (vgl. Kreß & Müller, 1997, S.9). Primärer Bestandteil der Verantwortung ist die Verantwortung von Menschen für Menschen und steht daher für ein Urbild der Verantwortung. Zu irgendeinem Zeitpunkt irgendeine Verantwortung für einen beliebigen Menschen zu tragen, ist für den Menschen von wesentlicher Bedeutung, ebenso wie die Tatsache, dass er im Allgemeinen zur Verantwortung fähig ist. Folglich ist der Mensch ein moralisches Wesen, das moralisch oder unmoralisch handeln kann (vgl. Jonas, 2015, S. 195f.). Durch dieses Verantwortungsbewusstseins für sich selbst und seine Umwelt gehört die Zukunft der Menschheit zu der ersten Pflicht menschlichen Kollektivverhaltens. Aktuell leidet die Natur unter dem Menschen aufgrund der technischen Zivilisation, wie beispielsweise die Umweltverschmutzung und -zerstörung für die Aufrechterhaltung der Globalisierung und eines hohen Lebensstandards (vgl. ebd., S. 263-266). Gerade wegen dieser negativen Entwicklung ist die Pflicht für das Wohlergehen der Nachwelt umso größer und wird ohne viel Nachdenken so empfunden. Unteranderem kann hier die Zukunftsethik angeführt werden, da sie eine Ethik ist, die sich zentral um unsere Zukunft und die Zukunft unserer Nachkommen kümmert und sie vor den Folgen unseres jetzigen Handelns schützen will (vgl. ebd., S.515).

3.4.2. Intergenerationale Gerechtigkeit

‚Generation' wird verwendet, um die in der Vergangenheit gelebten Menschen zu beschreiben, aber auch für die Bevölkerung, die jetzt und in Zukunft lebt. ‚Gerechtigkeit' ist der Wille, jedem, einschließlich allen Generationen, das zu geben, was ihnen gebührt. Viele Themen beeinflussen die Gerechtigkeit zwischen den Generationen: Systeme der sozialen Sicherheit, Finanzierung und Verschuldung, Investitionen in die Zukunft, Politik und Kultur der Erinnerung. Aber auch Ökologie ist ein Bereich der Gerechtigkeit. Die Gerechtigkeit zwischen den Generationen fragt, was die heutigen Menschen künftigen Generationen schulden. Dieses Prinzip, das allgemein als Formel für Nachhaltigkeit verstanden wird, ist besonders vernünftig: Wir müssen unseren Nachkommen zumindest so viel wie möglich überreichen, wie wir selbst zur Verfügung hatten. Diesen Grundsatz der Gleichheit kann dem Grundsatz der Maximierung des Nutzens gegenübergestellt werden. Letzterer ist im Kontext von Generationen unangemessen, da in der Klimaschutzpolitik Kosten und Nutzen von verschiedenen Personen (in unserer Generation) bestimmt werden. Die intergenerationale Gerechtigkeit kann mit den Menschenrechten verbunden werden. Edith Brown Weiss entwickelte in diesem Zusammenhang drei Prinzipien für die Gerechtigkeit zwischen den Generationen. Zum einen soll jede Generation die Vielfalt von Natur und Kultur aufrechterhalten, damit auch spätere Generationen in einer solchen Vielfalt leben können. Nach dem zweiten Prinzip ist es wichtig die allgemeine Qualität des gesamten Planeten mit all sein Bestandteilen zu bewahren, um sie in dem gleichen Zustand an die nächste Generation weiterzugeben, wie man sie selbst vorgefunden hat. Das letzte Prinzip besagt, dass jede Generation die Möglichkeit haben sollte, etwas als Erbe an die folgenden Generationen weitergeben zu können. (vgl. Grin, 2018, S.3). Passend zu diesen Äußerungen können die abgewandelten und neuen Ausführungen des kategorischen Imperativs von Hans Jonas angeführt werden. In diesem Umformulierungen bringt er zum Ausdruck, wie wichtig das eigene Handeln und die Verantwortung in der modernen Welt ist, um unser Leben und die Erde zu bewahren. Zwei Ausführungen davon sind beispielsweise „Handle so, daß die Wirkungen deiner Handlung nicht zerstörerisch sind für die künftige Möglichkeit solchen Lebens." (Jonas, 2015, S.40) oder „Schließe in deine gegenwärtige Wahl die zukünftige Integrität des Menschen als Mit-Gegenstand deines Wollens ein" (ebd.). Kants kategorischer Imperativ richtet sich an das einzelne Individuum, während der neue Imperativ auf die Wirkungen des eigenen Handelns gerichtet ist und der Zweck darin besteht, die menschlichen Aktivitäten und ihre Leben in Zukunft fortzusetzen. Denn der Mensch darf es nicht wagen, sein eigenes Leben zu leben und dafür den Fortbestand der Menschheit zu gefährden (vgl. Jonas, 2015, S.40f.).

3.4.3. Verantwortung gegenüber dem Klimawandel

Bei dem Klimawandel handelt es sich um ein Objekt der Verantwortung, welches nicht linear ist. Das bedeutet, dass sich seine einzelnen Bestandteile, unteranderem die Handlungen der

Menschen, sich wechselseitig beeinflussen. Mit jeder neuen Handlung und mit mehr Menschen steigt die Wahrscheinlichkeit an einen Punkt anzugelangen, an dem keine Wiederkehr mehr möglich ist. Sehr oft wird die zukünftige Generation als Verantwortliche des Klimawandels gesehen, weil gesagt wird, wenn sie einen Planeten mit der gleichen Qualität haben wollen wie vergangene Generationen, müssen sie dafür etwas unternehmen. Der Klimawandel betrifft aber nicht nur die folgenden Generationen, sondern sehr stark auch die aktuelle Menschheit. Außerdem darf der Blick hierbei nicht allein auf die Menschen, aber auch vielmehr auf die Natur und im Allgemeinen den ganzen Planeten gerichtet werden (vgl. Sombetzki, 2014, S.228f.). In dieser Debatte ist aber zu erkennen, dass die ältere Generation sich dennoch immer mehr ihrer Verantwortung gegenüber der jüngeren Generation und dadurch auch der Verantwortung gegenüber dem Klimawandel entzieht. Sie fokussieren sich stärker auf die Gegenwart und aus diesem Grund wird eine mangelnde Leidenschaft für die Welt impliziert. Die Entscheidungskompetenz und die Hauptverantwortung sind an die jüngere Generation übergeben. Das zeigt sich beispielsweise an der Bewegung ‚Fridays for Future', weil sich hier fast ausschließlich Kinder, Jugendliche und junge Erwachsene für den Klimaschutz und den Planeten einsetzten. Sie sind der Meinung, dass etwas unternommen werden muss, der Mensch handeln muss, um die Welt so zu bewahren, wie sie ist und an die folgenden Generationen weiterzugeben. Der Mensch sollte sich nie seiner Verantwortung entziehen, vor allem bei großen und komplexen Themenbereichen, da die Menschheit ansonsten als Gemeinschaft auf Dauer nicht fortbestehen kann (vgl. Reichenbach, 2017, S.105-109). Ein passendes Zitat zu dieser Problematik stammt von Charles Taylor: „Wer nicht weiß, auf welche Zukunft er sich zubewegen will, kann auch nicht wissen, wer er oder sie ist." (ebd., S.108).

Der Mensch kann sich auch mit der Frage befassen ‚Was würde passieren, wenn wir nichts machen?' und sich dadurch ein Zukunftsszenario auf unterschiedlichsten Ebenen entwickeln. Extreme Hitzewellen oder Niederschläge können das Menschenleben gefährden. Eine schwere Dürre kann zudem die Nahrungsmittelversorgung bedrohen. Buschfeuer können außer Kontrolle geraten und den gesamten Wald niederbrennen. Abgesehen von dem starken Wetterschwankungen steigt auf der anderen Seite auch immer mehr der Meeresspiegel an. Dadurch können Städte, Länder und Inseln verschwinden und das menschliche Leben riskieren. Die Folgen des Klimawandels sind teilweise schon zu erkennen, trotzdem handeln die Menschen noch nicht entsprechend, obwohl die Gesellschaft den Planeten nicht auf diese Weise ihren Nachkommen überlassen will. Auch Statistiken des Bundesumweltamtes ab 2019 zeigen dieses Interesse: Die Deutschen haben ihr Umweltbewusstsein weiter geschärft. Viele Befragte glauben, dass Umweltschutz für zukünftige Aufgaben notwendig ist. Das Konsumverhalten der

Befragten zeigt auch, dass sie dem Klimaschutz große Bedeutung beimessen: Die Zahl der Menschen, die Ökostrom nutzen, vergrößert. Auch energieeffizientere Geräte werden häufiger eingesetzt. Zusätzlich zu diesen Maßnahmen nimmt das Bewusstsein der Menschen für den Umweltschutz im Allgemeinen zu: Immer mehr Menschen beginnen, ihren Lebensstil in Frage zu stellen und wählen umweltfreundlichere Alternativen (vgl. Grin, 2018, S.4f.).

Zusammenfassend können zwei Entwicklungen festgehalten werden. Auf der einen Seite der Teil der Bevölkerung, die sich ihrer Verantwortung und Aufgabe bewusst sind und auf der anderen Seite die Menschen, die sich diesem Bewusstsein entziehen. Grundsätzlich haben alle Menschen, die Emissionen verursachen, die Prämisse, mehr oder weniger Verantwortung zu übernehmen (die Fähigkeit zu kommunizieren, zu handeln und zu beurteilen), obwohl ihr Grad der Verantwortung unterschiedlich ist. Beispielsweise kann davon ausgegangen werden, dass einige Personen aufgrund ihres Alters, ihrer Erfahrung oder ihres Berufs einen anderen Wissensstand als andere haben und daher möglicherweise verantwortungsbewusster sind als andere. Viele Menschen sehen ihre alltäglichen Handlungen und Aufgaben als nicht bedeutsam und ausschlaggebend. Wenn das aber jedes Individuum auf der Erde so sehen würde, dann gibt es keine Verantwortung mehr für irgendeinen Bereich des gesellschaftlichen, ökologischen, ökonomischen etc. Lebens (vgl. Sombetzki, 2014, S.231f.). In Verbindung mit dieser ökologischen Verantwortung äußerte der Philosoph Hans Jonas 1992 bei einem Berliner Podiumsvotum den Wunsch, dass sich Denkgewohnheiten verändern. Es soll eine neue und junge Generation heranwachsen, die aufgrund ihrer Erziehung über ausreichend Bewusstsein ihrer Verantwortung und Aufgaben in dieser Welt verfügt und in der Lage ist, das zu ändern, wozu viele Politiker und Wissenschaftler noch nicht bereit sind (vgl. Jonas, 2017, S.406).

4. Kurzes Fazit

Viele Menschen betrachten Verantwortung als ein unwiderrufliches Opfer. Sie sollten es positiver betrachten, denn je mehr Verantwortung jeder Einzelne im Leben übernimmt, desto mehr kann er sich selbst gestalten. Jede Entscheidung einer Person, betrifft gleichzeitig auch dessen Mitmenschen. Daher können Menschen ihre eigene Freiheit nur verwirklichen und so weit ausleben, wenn sie die Freiheit anderer nicht beeinträchtigen. Der Verantwortungsbegriff und dessen Aufgaben ist sehr komplex und die Diskussionen und Beiträge dazu setzten sich zunehmend damit auseinander. Dass die Verantwortung immer mehr in das Bewusstsein der Menschen tritt, zeigt meiner Meinung nach sehr gut die aktuelle junge Generation. Sie setzten sich aktiv für eine Bewegung der Verbesserung vor allem im Bereich Klima ein. Dadurch zeigt sich, dass sich der Wunsch Hans Jonas mit der Zeit zu verwirklichen scheint. Wenn dazu weitergedacht wird, könnte sich vorgestellt werden, dass auch zukünftige Generationen ein qualitativ hochwertiges Leben auf der Erde haben werden. Der Klimawandel kann vielleicht nicht gestoppt, aber durch diesen Wandel in den Denkweisen der Menschen herausgezögert werden. Es kann zwar über zukünftige Entwicklungen diskutiert werden, aber hierbei handelt es sich nur um Spekulationen, die nur umgesetzt werden können, wenn nicht nur geredet, sondern auch gehandelt wird.

Literaturverzeichnis

GRIN . (2020). *Verantwortung. Haben wir eine moralische Verantwortung für die zukünftigen Generationen? Ein Einblick in die Umweltethik* . GRIN Verlag .

GRIN. (2018). *Verantwortung. Trägt der Mensch die Verantwortung für das, was er ist?* GRIN Verlag.

Jonas, H. (2015). *Das Prinzip Verantwortung. Erster Teilband: Grundlegung* (Bd. 1). (D. Böhler, & B. Herrmann, Hrsg.) Freiburg: Rombach Verlag KG.

Jonas, H. (2017). *Das Prinzip Verantwortung. Zweiter Teilband: Tragweite und Aktualität einer Zukunftsethik* (Bd. 2). (D. Böhler, & B. Herrmann, Hrsg.) Freiburg: Rombach Verlag KG.

Kornelius, S. (29. 11 2019). *Kategorischer Imperativ*. Abgerufen am 08. 02 2021 von Süddeutsche Zeitung: https://www.sueddeutsche.de/politik/aktuelles-lexikon-kategorischer-imperativ-1.4702988

Kreß, H., & Müller, W. E. (1997). *Verantwortungsethik heute: Grundlagen und Konkretionen einer Ethik der Person.* Stuttgart, Berlin, Köln: W. Kohlhammer.

Marr, O. (1999). *Der Begriff Verantwortung und seine Verwendung in der Ethik am Beispiel von Hans Jonas.* GRIN Verlag .

Masmanidis, D. K. (09. 11 2020). Ethik und Bildung. Einführung in die Ethik: Zweite Sitzung.

Nida-Rümelin, J. (2011). *Verantwortung* . Ditzingen : Reclam .

Reichenbach, R. (2017). Ethik der Bildung und Erziehung. (S. 97-110). UTB GmbH.

Sombetzki, J. (2014). *Verantwortung als Begriff, Fähigkeit und Aufgabe. Die Drei-Ebenen-Analyse* . Kiel: Springer VS.

Stangl, W. (2021). *Stichwort: "Bildung"*. Abgerufen am 20. 01 2021 von Online Lexikon für Psychologie und Pädagogik: https://lexikon.stangl.eu/12806/bildung/

BEI GRIN MACHT SICH IHR
WISSEN BEZAHLT

- Wir veröffentlichen Ihre Hausarbeit,
  Bachelor- und Masterarbeit

- Ihr eigenes eBook und Buch -
  weltweit in allen wichtigen Shops

- Verdienen Sie an jedem Verkauf

Jetzt bei www.GRIN.com hochladen und kostenlos publizieren